BEI GRIN MACHT SICH IHR WISSEN BEZAHLT

- Wir veröffentlichen Ihre Hausarbeit,
  Bachelor- und Masterarbeit

- Ihr eigenes eBook und Buch -
  weltweit in allen wichtigen Shops

- Verdienen Sie an jedem Verkauf

Jetzt bei www.GRIN.com hochladen
und kostenlos publizieren

Bibliografische Information der Deutschen Nationalbibliothek:

Die Deutsche Bibliothek verzeichnet diese Publikation in der Deutschen National-
bibliografie; detaillierte bibliografische Daten sind im Internet über http://dnb.d-
nb.de/ abrufbar.

Impressum:

Copyright © 2018 GRIN Verlag
Druck und Bindung: Books on Demand GmbH, Norderstedt Germany
ISBN: 9783668960053

Dieses Buch bei GRIN:

https://www.grin.com/document/478165

Dominik Conrad

Verkaufsmanagement. Eine Analyse der Verkaufsprozesse im Sportstudio

GRIN Verlag

GRIN - Your knowledge has value

Der GRIN Verlag publiziert seit 1998 wissenschaftliche Arbeiten von Studenten, Hochschullehrern und anderen Akademikern als eBook und gedrucktes Buch. Die Verlagswebsite www.grin.com ist die ideale Plattform zur Veröffentlichung von Hausarbeiten, Abschlussarbeiten, wissenschaftlichen Aufsätzen, Dissertationen und Fachbüchern.

Besuchen Sie uns im Internet:

http://www.grin.com/

http://www.facebook.com/grincom

http://www.twitter.com/grin_com

Deutsche Hochschule für
Prävention und Gesundheitsmanagement
Hermann Neuberger Sportschule 3
66123 Saarbrücken

Einsendeaufgabe

Fachmodul:	Verkaufsmanagement
Studiengang:	Fitnessökonomie
Datum Präsenzphase:	19.02.2018 - 21.02.2018
Name, Vorname:	Conrad, Dominik
Studienort:	**München**
Semester:	**WS 16**

Inhaltsverzeichnis

1   EA: VERKAUFSORGANISATION 3

1.1   Verkaufsprozess im Ausbildungsbetrieb 3

1.2   Vergleich mit den 13 Stufen des Verkaufs..4

1.3   Verkaufsprozessoptimierung 7

2   EA: KUNDENORIENTIERUNG 8

2.1   Konzept der Selbstkonkordanz - Transformation der Modi 8

2.2   Kundenbindung 9

2.3   Zusatzverkäufe...10

3   TEAMS, MOTIVATION & FÜHRUNG 11

3.1   Teamentwicklung..11

3.2   Motivation 13

3.3   Führung 14

4   EA CONTROLLING 14

4.1   Kennzahlen im Vertrieb..14

4.2   Fluktuationsquote 17

5   LITERATURVERZEICHNIS 18

6   ABBILDUNGS- UND TABELLENVERZEICHNIS 18

6.1   Abbildungsverzeichnis..18

6.2   Tabellenverzeichnis..18

1 EA: Verkaufsorganisation

Tab. 1: Klassifizierung des Ausbildungsbetriebes

	Klassifizierung / Einordnung
Anlagenstruktur:	Gemischtes Studio (für Männer und Frauen)
Größe der Anlage:	750 bis 1.499 qm
Preisstruktur der Anlage:	bis 29,99 € pro Monat
Beschreibung der Kernleistungen:	➢ Verkauf von Mitgliedschaften ➢ Beratungsgespräche in Bezug auf Training und Ernährung ➢ Trainingsplanerstellung ➢ Kursprogramm

1.1 Verkaufsprozess im Ausbildungsbetrieb

Erläutert wird der Verkaufsprozess bei dem Verkauf von Mitgliedschaften.
Siehe Tabelle 2 bei 1.2.

1.2 Vergleich mit den 13 Stufen des Verkaufs

Tab. 2: Vergleich 13 Stufen u. Betrieb

13 Stufen des Verkaufs	Verkaufsprozess im Ausbildungsbetrieb (Verkauf von Mitgliedschaften)	Vergleich beider Seiten
1. Stufe: Die Vorbereitung: • Terminmanagement • Beratungszimmer • Benötigte Unterlagen • Informationen über Interessenten • Mentale Einstellung	• Informationen über den Interessenten werden aus dem Kalender Programm im PC abgelesen • Berater legt sich alle nötigen Utensilien bereit (Schreibzeug, Block, ...)	➢ Es werden Informationen beschafft und Utensilien bereitgelegt ➢ Oft fehlt die Zeit zur Vorbereitung ➢ Wir haben kein eigenes Beratungszimmer
2. Stufe: Die Kontaktaufnahme • Blickkontakt und freundliches Lächeln • Körperhaltung, Mimik und Gestik • Name und Aufgabe • Siezen nicht Duzen • Namen des Interessenten	• Wenn der Interessent das Studio betritt, wird er sofort erkannt und gebeten hinein zu kommen (Drehkreuz öffnen) • Der Berater nennt seinen Namen und seine Aufgabe im Studio, woraufhin der Interessent seinen Namen entgegnet	➢ Beide Seiten stimmen überein
3. Stufe: Der Aufbau einer persönlichen Beziehung • Begrüßung für das Beratungsgespräch • Strategien zur Gesprächseröffnung • Grundsätze der Kommunikationsverbesserung • Einsatz positiver, nonverbaler Körpersprache	• Der Interessent wird gebeten Platz zu nehmen am Beratungstisch • Er wird gefragt, ob er ein Getränk möchte und danach, ob er schon einmal bei uns war	➢ Beide Seiten stimmen fast überein ➢ Wir benutzen keine speziellen Fragen, mit denen wir das Gespräch beginnen

13 Stufen des Verkaufs	Verkaufsprozess im Ausbildungsbetrieb (Verkauf von Mitgliedschaften)	Vergleich beider Seiten
4. Stufe: Die Bedarfsanalyse • SPIN-Methode angewandt • Bewusste Bedürfnisse herausgefunden • Unbewusste Bedürfnisse herausgefunden • Fragetechniken angewandt (z.B. offene Fragen) • Notizen gemacht • Signalwörter eingesetzt • Aktiv zugehört • Redeanteil beachtet • Zurückhaltend und weitere Fragen gestellt • Pacing eingesetzt • Einwandsvorbehandlung durchgeführt • Kunden das Gefühl bieten ihn verstanden zu haben • Keine Angebotspräsentation durchgeführt	• Der Berater stellt dem Interessenten offene Fragen und bittet ihn, etwas von sich zu erzählen • Nebenbei werden Notizen gemacht • Der Berater versucht mehr herauszufinden über den Interessenten und besonders was für ein Motiv er hat, um heute zu uns zu kommen • Es soll auch herausgefunden werden, ob Interesse an Zusatztarifen, wie Wellness oder Solarium besteht	➢ Nicht viele Mitarbeiter arbeiten mit der SPIN-Methode und mit Signalwörtern ➢ Zu oft redet bei uns der Berater viel mehr als der Interessent ➢ Die Angebotspräsentation kommt oft zu früh
5. Stufe: Die Angebotspräsentation • Merkmale beschrieben • Vorteile aufgezeigt • Nutzen geliefert • Vorgehen gekoppelt • Nutzenargumentation auf Motivgruppe ausgerichtet • Sinnesaktivierung • Rhetorische Mittel einsetzen	• Wenn die Bedarfsanalyse abgeschlossen ist, werden die 2 verschiedenen Tarife (All in und Basic) vorgestellt • Das All in sollte immer als bestes Angebot präsentiert werden • Argumente aus der Bedarfsanalyse werden nutzenorientiert angewandt	➢ Beide Seiten stimmen überein, wenn die Angebotspräsentation nach abgeschlossener Bedarfsanalyse kommt
6. Stufe: Die Angebots- und Bestätigungsstufe: • Vorteile des Dienstleistungsverlaufs erklärt • Bestätitungs- und Suggestivfragen eingesetzt	• Der Interessent wird gefragt, ob er uns zustimmt, dass der Tarif (all in) der richtige für ihn ist • Tarif wird eventuell nochmals erläutert	➢ Beide Seiten stimme überein
7. Stufe: Grundsatzentscheidung: • Frage zur Grundsatzentscheidung formuliert • Positive Grundsatzentscheidung erhalten	• Der Berater fragt direkt: „Alles klar, wann möchtest du beginnen?"	➢ Oft wird die Grundsatzentscheidung nicht erfragt

13 Stufen des Verkaufs	Verkaufsprozess im Ausbildungsbetrieb (Verkauf von Mitgliedschaften)	Vergleich beider Seiten
8. Stufe: Die Preispräsentation für die Mitgliedschaft: • Möglichkeiten und Preisgestaltung aufzeigen • Preis und Nutzen in Relation darstellen • Kleiner Preis und großer Nutzen	• Danach wird der Preis für den vorgestellten Tarif genannt und noch einmal der persönliche Nutzen für den Interessenten aufgezeigt	➢ Es wird nur noch der zuvor beschlossene Tarif vorgestellt ➢ Nutzen wird oft nicht mit günstigem Preis in Verbindung gesetzt
9. Stufe: Das „Ja" für die Mitgliedschaft: • Empfehlung ausgesprochen • Einsatz Alternativfragen • Klare Preisakzeptanz	• Der Interessent wird gefragt, ob das alles für ihn passt und er einverstanden ist	➢ Beide Seiten stimmen überein
10. Stufe: Die Preispräsentation für das Startpaket: • Nutzen Starpaket aufgezeigt • Günstige Relation Preis-Leistung	• Nun werden die Anmeldegebühren besprochen (Startpaket) und es wird ausführlich erklärt, was dies alles beinhaltet (erste Einweisung, Trainingsplan, Chipband)	➢ Beide Seiten stimmen überein
11. Stufe: Vorabschluss: • Vorabschluss durchgeführt • Ein „Nein" verhindert • Drei-Schritte-Strategie angewendet • Meinungsfragen eingesetzt • Provisorische Abschlussfragen gestellt • Definitiven Abschluss durchgeführt	• Der Interessent wird ein letztes Mal gefragt, ob er noch Fragen hat, oder ob ihm alles klar sei	➢ Der Vorbaschluss wird oft übergangen oder viel zu kurz und unstrukturiert eingesetzt
12. Stufe: Abschluss: • Abschluss durchgeführt • Mitgliedschaft vom Berater ausgefüllt • Vorgehen dem Interessenten erläutert • Interessent Zeit zum Durchlesen gegeben	• Die Mitgliedschaft wird vom Berater oder zukünftigen Mitglied ausgefüllt • Jeder Schritt wird erklärt und kann nachvollzogen werden • Der Interessent kann am Schluss noch einmal alles in Ruhe durchlesen	➢ Die Mitgliedschaft wird nicht ausschließlich vom Berater ausgefüllt Konsequenz: oft ist die Schrift des Mitgliedes nicht lesbar
13. Stufe: After Sales: • Mögliche Bestandteile angewandt • Kognitive Dissonanz vermieden	• Das Mitglied wird herzlich willkommen geheißen als Mitglied im Studio • Das Mitglied bekommt das Startequipment, sowie Informationsmatte mit Gutscheinen • Es wird versucht, sofort einen Termin auszumachen für Ersteinweisung oder Trainingsplan • Mitglied wird freundlich verabschiedet	➢ Beide Seiten stimmen überein ➢ After-Sales ist bei uns sehr geschätzt

Bei vielen Stufen stimmt unser Verkaufsprozess mit den 13 Stufen überein, jedoch gibt es ein paar Abweichungen. Ein großer Nachteil unseres Studios ist, dass wir keinen eigenen Beratungsraum haben und somit immer direkt im Studio (am Verkaufstisch) beraten müssen. Auch hat man leider nicht immer die Zeit sich auf jeden Kunden bestens vorzubereiten, da wir manchmal alleine oder auch nur zu zweit arbeiten. Ein weiterer Punkt ist, dass nicht viele Mitarbeiter mit Fragetechniken oder Methoden arbeiten. Diese Mitarbeiter sind leider nicht ausreichend geschult, bist jetzt. Dasselbe gilt auch für die Stufen „Vorabschluss und „Angebotspräsentation". Nur geschulte Mitarbeiter wissen den Vorabschluss gekonnt einzusetzen und das Angebot zum besten Zeitpunkt zu präsentieren. Dies wird oft nicht korrekt durchgeführt. Da bei uns das „All in" der Standard -Tarif ist, wird der „Basic" Tarif oft nicht oder nicht ausreichend beschrieben, wie dies in Stufe 8 und 9 der Fall sein sollte. Beim Abschluss wird oft die Mitgliedschaft vom Interessent ausgefüllt, da dies einfacher erscheint und man nebenbei schon mit der nächsten Arbeit anfangen kann. Die After-Sales-Phase funktioniert bei uns einwandfrei.

1.3   Verkaufsprozessoptimierung

Wie oben schon beschrieben gibt es einige Punkte die man noch verbessern könnte. Als aller erstes wäre es sehr sinnvoll einen Beratungsraum einzurichten, um bestmögliche Ergebnisse erzielen zu können. Ein weiterer Punkt ist die Schulung von Mitarbeitern. Meines Erachtens sind (professionelle) Verkaufsschulungen etwas sehr Sinnvolles und erleichtert den Mitarbeitern den Abschluss und erhöht gleichzeitig die Abschlussquoten. Darum sollten mehr Verkaufsschulungen stattfinden, um den Verkaufsprozess zu opti-mieren. Außerdem könnte man zusätzliche (Sales-)Mitarbeiter einstellen und somit die Trainer entlasten. So kann ein garantiert werden, dass ein Mitarbeiter auch wirklich Zeit hat für einen Kunden und nicht sofort zur nächsten Arbeit hetzen muss.

2 EA: Kundenorientierung

2.1 Konzept der Selbstkonkordanz - Transformation der Modi

Das Konzept geht von vier verschiedenen Modi der Selbstkonkordanz aus (modifiziert nach Göhner & Fuchs, 2007). Diese sollte man im besten Fall alle nacheinander durchlaufen, um eine möglichst hohe Ausprägung der Selbstkonkordanz zu erlangen (höchste im intrinsischen Modus).

Die erste Strategie verfolgt das Ziel, den Kunden vom externalen Modus in den introjizierten Modus zu bringen. Als große Überschrift dieser Strategie setze ich auf Aufklärung. Der Kunde treibt in diesem Modus nur Sport, da er von außen Beweggründe dafür hat. Als erste Maßnahme würde ich im Fitnessstudio kostenlose Seminare (z.B. von Mitarbeitern) anbieten, die ganz klar vermitteln und aufzeigen, welche kurzfristigen, wie auch langfristigen Erfolge, man durch Sport erreichen kann. Als weitere Maßnahme ist jedem Fitnessstudio zu empfehlen, einen Eingangscheck mit den Neumitgliedern durchzuführen. Jede Person, die noch nie regelmäßig Sport getrieben hat, zeigt hier „Mängel" auf (z.B. untrainiertes Herz-Kreislauf-System oder erhöhte Körperfett-Werte). Hier gilt es, die Person auf ehrlichem Wege von ihrem Tun zu überzeugen und negative Auswirkungen, die sich in naher Zukunft ergeben könnten, aufzuzeigen. Durch beide Maßnahmen werden die Kunden ganz klar zum Denken angeregt. Ihre Einstellung wird sich wahrscheinlich nicht von heute auf morgen ändern, aber sie werden mit Sicherheit die Gründe für ihr Sporttreiben verinnerlichen, auch wenn es noch nicht ihre eigenen Beweggründe geworden sind (introjizierter Modus).

Die zweite Strategie verfolgt das Ziel, den Kunden raus aus dem introjizierten Modus, nun in den identifizierten Modus zu befördern. Hierfür setze ich als Strategie an, dem Kunden seine bisherigen Erfolge aufzuzeigen. Als erste Maßnahme dafür wende ich Re-Tests an, bei denen ich eine erneute Maximalkraftmessung durchführe. Im Idealfall sieht der Kunde hier einen drastischen Unterschied zwischen Beginn seines Trainings und den aktuellen Kraftwerten. Als zweite Maßnahme würde ich ein (Belastungs-) EKG einführen. Einmal zu Beginn der Trainingskarriere und dann alle 4-6 Wochen erneut. Auch hier wird das Mitglied im Idealfall starke Verbesserungen sehen. Mit dieser Strategie bezwecke ich die Entstehung einer inneren Veranlassung beim Kunden. Durch die Erfolge wird er sehen, dass sein Training tatsächlich etwas bringt.

Die dritte Strategie bringt den Kunden aus dem identifizierten Modus näher in den intrinsischen Modus. Hierfür setze ich als Strategie an, dem Kunden dem Spaß am Sport näher zu bringen, um eine intrinsische Motivation zu erzeugen. Als erste Maßnahme biete ich einen neuen Trainingsplan an, alle 6-8 Wochen vom Betrieb ausgehend, und versuche so herauszufinden was dem Kunden besonders viel Spaß macht. Wenn ich dies herausgefunden habe, wird der Plan so viel Spaß machen, dass man für den Sport keinerlei äußere Gründe mehr braucht. Als zweite Maßnahme biete ich, zur Sommerzeit, Veranstaltungen für Mitglieder (z.B. Grillfeste) an. Der Kunde kann so neue Kontakte knüpfen und vielleicht seinen persönlichen Trainingspartner finden. Wenn dies geschieht hat er Spaß am Sport (zu zweit oder alleine) und braucht keine Gründe mehr um Sport zu treiben. Der Kunde hat den Anreiz des Sportes im Sport selbst gefunden.

2.2 Kundenbindung

Das Wichtigste für Neukunden ist eine ordentliche Integration in das Studio und der Aufbau einer positiven Ebene zu Mitarbeitern und Mitgliedern. Der Kunde muss sich geschätzt fühlen! Daher folgende Auswahl an Maßnahmen:

1. Maßnahme: Nach Abschluss der Mitgliedschaft sofort einen Termin legen zur Trainingseinweisung / Trainingsplanerstellung

Begründung: Viele Kunden wissen nicht was sie tun sollen, in ihren ersten Trainingswochen und hören lieber auf zu trainieren, anstatt etwas falsch zu machen. Um dies zu verhindern werden sofort Termine gelegt, für eine Einweisung/Planerstellung und der Kunde wird ordentlich eingewiesen. Er weiß nun, dass er das richtige tut, um seine Ziele zu erreichen und ist viel motivierter.

2. Maßnahme: Erneute Termine legen

Begründung: Nach den ersten Trainingseinheiten ist dem Mitglied trotzdem noch vieles unklar. Daher machen wir einen neuen Termin aus, um dem Kunden auch zu zeigen, dass wir für ihn da sind und ihm helfen, seine persönlichen Ziele zu erreichen. Eventuell wird der Trainingsplan nochmal angepasst oder ein Gerät nochmal erläutert. Die Motivation bleibt erhalten, denn der Kunde ist weiter auf der „Zielgeraden".

3. Maßnahme: Smalltalk mit Neukunden betreiben

Begründung: Die meisten neuen Kunden trauen sich nicht die Trainer anzusprechen. Deshalb gehen wir auf die Neumitglieder zu. Schon ein kleiner Smalltalk wie: „Servus XY, wie läuft dein Training?" öffnet den Kunden. Er wird eine positive Beziehung zu uns aufbauen und uns auch seine Probleme (im Training) erzählen. So werden wir als Mitarbeiter vielleicht sogar ein zusätzlicher Grund, um ins Training zu kommen!

4. Maßnahme: Neumitglieder Events

Begründung: Einmal im Monat könnte man ein Treffen für die neuen Mitglieder veranstalten. Dies kann zum Beispiel ein Grillnachmittag sein. Die Kunden knüpfen untereinander Kontakte, haben Spaß und es wird ihnen die Angst vor den „fremden Mitgliedern" genommen. Die Mitglieder werden in das Studio integriert und fühlen sich wohl.

5. Maßnahme: Calling bei Neumitgliedern betreiben

Begründung: Wir rufen unsere Kunden in den ersten 4 Wochen nach Anmeldung einfach mal an. Hierbei wird gefragt, ob das Mitglied regelmäßig ins Training kommt und alles in Ordnung sei. Die Neukunden fühlen sich sofort viel verbundener mit dem Fitnessstudio und der ein oder andere hat vielleicht ein Anliegen, dass er sich noch nicht getraut hat, an uns zu bringen.

2.3 Zusatzverkäufe

Thekenbereich: Hier werden in unserem Unternehmen, wie in einer Art Shop, verschiedene Supplements (z.B. Eiweißpulver), sowie Trainingszubehör (Trinkflaschen, Handschuhe, ...) verkauft.

Trainingsbereich: Dort befindet sich ein Automat mit unterschiedlichsten Dingen wie: Booster-Ampullen, fertige Eiweiß-Shakes oder auch BCAA-Drinks für während oder nach dem Training.

Loungebereich: Es befindet sich dort ein Automat für verschiedene Kaffees und Tees. Mitglieder können hier das Training in gemütlicher Atmosphäre ausklinken lassen.

Wie zu sehen ist, gibt es in unserem Unternehmen keine zusätzlichen Dienstleistungen zum Erwerb. In nachfolgender Tabelle stelle ich nun 3 neuartige Möglichkeiten auf Zusatzverkäufe zu generieren.

Tab. 3: Zusatzverkäufe

Leistung/Produkt	Zielgruppe	Argumente zur Vermarktung
Ernährungsplan erstellen	Für Mitglieder, die zur Sicherstellung ihrer Zielerreichung bereit sind eine vorgegebene Ernährung umzusetzen	• Mitglieder können ihr Ziel noch besser verfolgen • Potenzielle Zielsicherung, dadurch eine höhere Zufriedenheitsquote und weniger Fluktuation • Viel Geld kann verlangt werden
Personal Training (1:1 Training)	Für Mitglieder (vor allem Anfänger) die unsicher sind und ihr Training noch nicht allein durchführen wollen/können	• Weniger Fehlerbilder im Studio bei vielen PTs • Höhere Zufriedenheit durch größere Wahrscheinlichkeit der Zielerreichung • Trainer sind noch präsenter auf der Trainingsfläche
Verkauf von 10-er Karten	Für Personen, die nicht regelmäßig ins Training kommen (Monatskarte nicht sinnvoll) und sich nicht an eine Jahresmitgliedschaft binden möchten oder Bestandsmitglieder, durch Schenkung an Freunde/Bekannte	• Viele Leute sind enttäuscht, da 12 Monate zu lange sind und schließen gar keine Mitgliedschaft ab • Nach einer 10-er Karte binden sich einige an eine Jahresmitgliedschaft bei hoher Zufriedenheit • Generierung von Neukunden

3   Teams, Motivation & Führung

3.1 Teamentwicklung

Nach Tuckman (1965) durchläuft ein Team bei seiner (Neu-) Bildung immer 4 Phasen. Diese sind zwingend notwendig, um das Team zu entwickeln. Nachfolgend werden zu jeder Phase der Teambildung 2 Maßnahmen genannt, in welcher der Teamleiter unterstützend agieren kann.

1. Phase: Forming

Die erste Maßnahme, um diese Phase erfolgreich abzuschließen ist eine kleine Vorstellungrunde. Keiner kennt den anderen und es bringt dem Team viel, wenn man sich untereinander besser kennt. Wer hat welche Erfahrungen? Wer hat welche Stärken und auch Schwächen? Der Teamleiter moderiert diese Vorstellungsrunde und hält wichtige Erkenntnisse fest. Er versucht, alle Teammitglieder einzubinden und die anfänglichen Anspannungen zu lockern.

Die zweite Maßnahme ist eine klare Formulierung der Ziele und der Aufgaben, die die Arbeit mit sich bringt. Dies könnte man zu Beispiel durch eine Präsentation des Teamleiters bewirken, in welcher er klar und visuell zugänglich aufzeigt, um was es geht und was man erreichen will. Er muss die Teammitglieder inspirieren und mitreisen!

2. Phase: Storming

Die erste Maßnahme zur Überwindung dieser Phase ist, eine klare Rollenverteilung. Der Teamleiter muss hier ganz klar agieren und aufzeigen wer wem was zu sagen hat. Jeder Mitarbeiter sollte seine eigene Aufgabe kennen und wissen wie er sie bewältigen kann. Auch muss der Teamleiter ganz klar die Message rüberbringen, dass die Gruppe nur als Gesamtes diese Aufgaben bewältigen kann und Cliquen so gar nicht erst zu Stande kommen. Er muss dafür sorgen, dass es eine Clique gibt, und die ist das gesamte Team!

Als weitere Maßnahme sollten Gespräche zwischen Teamleiter und einzelnen Mitgliedern geführt werden. So weiß jeder, was er noch verbessern kann oder ob er vielleicht sogar am falschen Platz sitzt und eine andere Aufgabe innerhalb der Gruppe eventuell noch besser wäre. Der Teamleiter muss sein Team am besten kennen und die Aufgaben nach den Stärken und Schwächen aufteilen. In dieser Phase ist der Teamleiter am meisten gefragt, hier ist noch die größte Diskrepanz zwischen den Teammitgliedern. Der Leiter muss hier die alles genau strukturieren um die nächsten Phasen zu bewältigen!

3. Phase: Norming

Die erste Maßnahme in dieser Phase sind Meetings, die der Teamleiter führen sollte. Hier werden die einzelnen Standpunkte der Teammitglieder vorgestellt und zusammengeführt. Das Team muss den Zusammenhalt spüren und der Leiter sollte ganz klar aufzeigen was schon gut läuft (im besten Fall alles) und was noch besser gemacht werden kann. Positive Formulierungen sind hier ganz wichtig.

Eine zweite Maßnahme, wie der Teamleiter helfen kann, ist die, indem er für die Gruppe eine Veranstaltung organisiert (z.B. zusammen essen gehen, eine Unternehmung machen, …). Die Mitglieder lernen sich untereinander noch besser kennen und dies fördert auch den Zusammenhalt auf der Arbeit.

4. Performing:

Die erste Maßnahme in dieser Phase sind Feedback-Gespräche mit den einzelnen Teammitgliedern. Jeder Mitarbeiter sollte wissen woran er ist, was gut läuft und was speziell er noch besser machen kann, um das Gesamtergebnis noch besser zu machen. Hier ist der Leiter gefragt, er muss wissen was es noch zu verbessern gilt und wie er es seinen Mitarbeitern deutlich macht.

Die zweite Maßnahme ist ganz klar das Aussprechen von Lob und auch die Belohnung für gute Arbeit. Hier kann auch beispielsweise einfach ein kleiner Zuschlag gegeben werden oder auch etwas Sachliches (z.B. jeder bekommt einen Bottich Eiweiß). Die Teammitglieder sehen, dass der Leiter ihre Arbeit honoriert und bleiben motiviert noch mehr Leistung zu bringen. Die Gruppe „performt" und sieht sich als Ganzes.

3.2 Motivation

„Gruppenprovisionen sind in der Fitnessbranche die beste Möglichkeit die Mitarbeiter im eigenen Unternehmen dauerhaft zu motivieren."

Sollte man denn immer mit Geld belohnt werden, wenn man einen guten Job macht? Ich finde diese Aussage zu extrem. Provision ist im Allgemeinen, gerade für Sales-Mitarbeiter, ein schönes Tool, um die Motivation zu unterstützen. Jedoch sollte man sich auch immer fragen, ob man motiviert in einem Job arbeitet, weil er Spaß macht und das Umfeld einfach stimmt, oder weil er viel Geld bringt.

Etwas anderes ist es, wenn Mitarbeiter von Anfang an ein niedriges Grundgehalt bekommen, da sie viel über Provisionen verdienen können (Beispiel: Sales-Mitarbeiter mit Einstellung auf Provisionsbasis). Jedoch sprechen wird dann von einer Einzelprovision und jeder ist für sich selbst verantwortlich. Die obige Aussage bezieht sich aber speziell auf Gruppenprovisionen. Wenn man annimmt, dass in einem Team von 20 Mitarbeitern 5 sehr stark zur Zielerreichung (und damit einhergehend zur Ausschüttung der Gruppenprovision) beitragen, 10 weitere durchschnittliche Arbeit leisten und 5 Mitarbeiter gar nichts tun, klingt das schon mal relativ unfair. Alle in dieser "Gruppe" bekommen jedoch die selbe Provision. Ich denke das ist ein klares Gegenbeispiel für diese Aussage. Die 5 fleißigen Mitarbeiter werden früher oder später keine Lust mehr haben die anderen mitzuziehen und die 5 faulen werden keinen Ansporn haben mehr zu tun. Eine reine Gruppenprovision macht für mich nur Sinn in einem Team, in welchem man wirklich zu 100% weiß, dass alle Mitarbeiter am gleichen Strang ziehen und zur Zielerreichung beitragen. Eine bessere Möglichkeit der Provision sehe ich in der Kombi-Provision. Hier wird zwar erwartet, dass die Gruppe insgesamt ein Ziel erreicht und dafür eine Provision bekommt, jedoch erhält jeder einzelne nochmal eine Zulage für seine persönliche Leistung. Die Motivation wird viel höher sein, da jeder Mitarbeiter je nach Leistung eine höhere Provision bekommt, diese jedoch ausfällt, wenn das Gesamtziel nicht erreicht wird. Die faulen Mitarbeiter werden somit auch nur „faul" bezahlt.

3.3 Führung

Fallbeispiel 1:
Hier wird ganz klar der direktive Leadership-Style angewendet. Alle Mitarbeiter haben exakte Vorgaben, was sie zu tun haben und vor allem, wie sie es tun sollen. Es werden täglich Kontrollen durchgeführt, ob auch alle Vorgaben eingehalten werden und die Mitarbeiter haben keine Chance, Verbesserungsvorschläge mit einzubringen. Wer nicht Gehorsam folgt, wird nicht geduldet und sanktioniert.

Fallbeispiel 2:
Es wird hier der affiliative Führungsstil durchgeführt. Nach Sauter (2009) ist dieser gekennzeichnet, durch eine Zusammenarbeit auf Basis von Harmonie und Vertrauen. Es wird viel Zeit miteinander verbracht (auch abseits der Arbeit), um die Beziehung zwischen Mitarbeiter und Führungskraft zu pflegen. Jeder hat die Chance sich individuell zu entwickeln, da sie beispielsweise alle miteinander über die Arbeit und deren Verbesserungsvorschläge offen reden.

4   EA Controlling

4.1   Kennzahlen im Vertrieb

Nachfolgend werde folgende Formeln zur Berechnung der Kennzahlen angewandt.
Telefonquote = vereinbarte Beratungstermine / Telefonanrufe (aktiv + passiv) x 100
Termineinhaltungsquote = durchgef. Beratungen / vereinbarte Beratungstermine x 100
Abschlussquote = Abschlüsse / durchgeführte Beratungen x 100
Um die Quartalszahlen eines Mitarbeiters zu erhalten, berechnet man jeweils den Durchschnitt der Monate Januar-März für eine Kennzahl eines Mitarbeiters.

Kennzahlen für die Mitarbeiterin Elisabeth:

Telefonquote Januar: 91 vereinbarte Termine / 115 Anrufe x 100 = 79,13%

Telefonquote Februar: 84 vereinbarte Termine / 103 Anrufe x 100 = 81,55%

Telefonquote März: 79 vereinbarte Termine / 100 Anrufe x 100 = 79,00%

Telefonquote Quartal: (79,13% + 81,55% + 79,00%) / 3 = 79,89%

Termineinhaltungsquote Januar: 62 durchgeführte Beratungen / 91 vereinbarte Beratungen x 100 = 68,13%

Termineinhaltungsquote Februar: 58 durchgeführte Beratungen / 84 vereinbarte Beratungen x 100 = 69,05%

Termineinhaltungsquote März: 60 durchgeführte Beratungen / 79 vereinbarte Beratungen x 100 = 75,95%

Termineinhaltungsquote Quartal: (68,13% + 69,05% + 75,95%) / 3 = 71,04%

Abschlussquote Januar: 29 Abschlüsse / 62 durchgeführte Beratungen x 100 = 46,77%

Abschlussquote Februar: 22 Abschlüsse / 58 durchgeführte Beratungen x 100 = 37,93%

Abschlussquote März: 22 Abschlüsse / 60 durchgeführte Beratungen x 100 = 36,67%

Abschlussquote Quartal: (46,77% + 37,93% + 36,67%) / 3 = 40,46%

Kennzahlen für Mitarbeiter Andreas:

Telefonquote Januar: 89 vereinbarte Termine / 112 Anrufe x 100 = 79,46%

Telefonquote Februar: 96 vereinbarte Termine / 126 Anrufe x 100 = 76,19%

Telefonquote März: 86 vereinbarte Termine / 120 Anrufe x 100 = 71,67%

Telefonquote Quartal: (79,46% + 76,19% + 71,67%) / 3 = 75,77%

Termineinhaltungsquote Januar: 85 durchgeführte Beratungen / 89 vereinbarte Beratungen x 100 = 95,51%

Termineinhaltungsquote Februar: 76 durchgeführte Beratungen / 96 vereinbarte Beratungen x 100 = 79,17%

Termineinhaltungsquote März: 74 durchgeführte Beratungen / 86 vereinbarte Beratungen x 100 = 86,05%

Termineinhaltungsquote Quartal: (95,51% + 79,17% + 86,05%) / 3 = 86,91%

Abschlussquote Januar: 73 Abschlüsse / 85 durchgeführte Beratungen x 100 = 85,88%

Abschlussquote Februar: 67 Abschlüsse / 76 durchgeführte Beratungen x 100 = 88,16%

Abschlussquote März: 65 Abschlüsse / 74 durchgeführte Beratungen x 100 = 87,84%

Abschlussquote Quartal: (85,88% + 88,16% + 87,84%) / 3 = 87,29%

Kennzahlen für Mitarbeiterin Anne:

Telefonquote Januar: 71 vereinbarte Termine / 196 Anrufe x 100 = 36,22%

Telefonquote Februar: 82 vereinbarte Termine / 182 Anrufe x 100 = 45,05%

Telefonquote März: 84 vereinbarte Termine / 183 Anrufe x 100 = 45,90%

Telefonquote Quartal: (36,22% + 45,05% + 45,90%) / 3 = 42,54%

Termineinhaltungsquote Januar: 41 durchgeführte Beratungen / 71 vereinbarte Beratungen x 100 = 57,75%

Termineinhaltungsquote Februar: 40 durchgeführte Beratungen / 82 vereinbarte Beratungen x 100 = 48,78%

Termineinhaltungsquote März: 43 durchgeführte Beratungen / 84 vereinbarte Beratungen x 100 = 51,19%

Termineinhaltungsquote Quartal: (57,75% + 48,78% + 51,19%) / 3 = 52,57%

Abschlussquote Januar: 35 Abschlüsse / 41 durchgeführte Beratungen x 100 = 85,37%

Abschlussquote Februar: 36 Abschlüsse / 40 durchgeführte Beratungen x 100 = 90,00%

Abschlussquote März: 36 Abschlüsse / 43 durchgeführte Beratungen x 100 = 83,72%

Abschlussquote Quartal: (85,37% + 90,00% + 83,72%) / 3 = 86,36%

Aus diesen Quoten resultiert nun das folgende Diagramm.

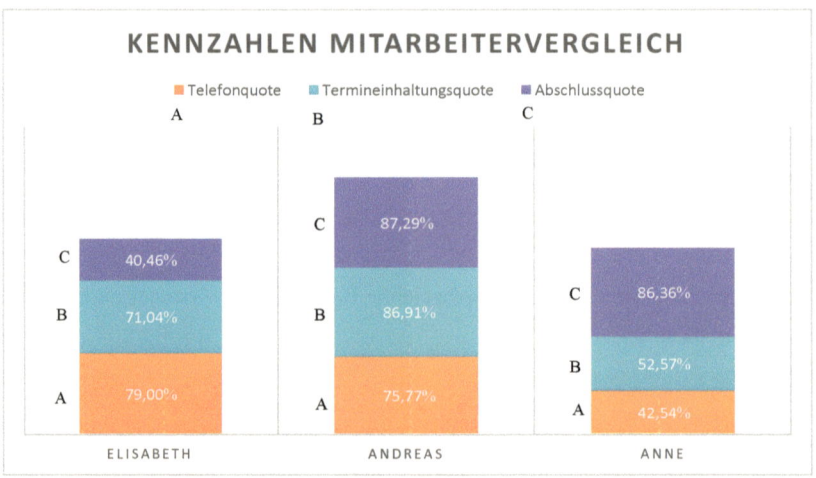

Abb. 1: Quoten im Mitarbeitervergleich

Man kann ganz klar erkennen, dass Mitarbeiter Andreas zurecht als bester Sales-Mitarbeiter betitelt werden kann. Er schneidet in allen Quoten sehr gut ab. Bei Mitarbei-

16/18

terin Elisabeth ist die Telefonquote sehr gut, und auch die Termineinhaltungsquote ist gut. Jedoch ist die Abschlussquote eher schlecht. Als erste Maßnahme würde ich daher Elisabeth im Verkauf schulen, um ihre Abschlussquote zu erhöhen und somit noch mehr Abschlüsse zu generieren. Bei Mitarbeiterin Anne haben wir das genaue Gegenteil. Sie hat eine sehr gute Abschlussquote, jedoch ist die Telefonquote und die Termineinhaltungsquote schlecht. Somit sind es insgesamt auch weniger Abschlüsse, als bei den anderen. Die zweite Maßnahme ist demzufolge Anne im Telefonbereich zu schulen, um ihre Telefonquote drastisch zu erhöhen. Dadurch schafft sie bei ihren hohen Anrufzahlen eine viel höhere Terminierungsquote und dadurch wieder mehr Mitglieder.

4.2 Fluktuationsquote

Die Fluktuationsquote für das vergangene Geschäftsjahr wird folgend berechnet:

Fluktuationsquote = Abgänge / durchschnittlicher Mitgliederbestand x 100

Der durchschnittliche Mitgliederbestand wird errechnet durch:

Durchschn. MB = (Mitglieder Januar + Mitglieder Dezember) / 2

Somit gilt für das Geschäftsjahr in unserer Aufgabe:

(3753 MG Januar + 4004 MG Dezember) / 2 = durschn. MB von 3879 Mitgliedern

Für die Abgänge in diesem Geschäftsjahr werden alle Kündigungen zusammengezählt:

29 + 67 + 116 + 81 + 43 + 57 + 69 + 43 + 64 + 63 + 103 + 111 = 846 Abgänge

Daraus ergibt sich für die Fluktuationsquote folgende Berechnung:

846 Abgänge / 3879 durschn. MB x 100 = 21,81% Fluktuation

Die Fluktuationsquote wird nun um 5% gesenkt. Dies bedeutet eine neue Fluktuationsquote von 16,81%.

Um die Auswirkung der gesenkten Quote deutlich zu machen, werden nun die durchschnittlichen Mitglieder + Abgänge zusammengezählt: 3879 + 846 = 4725

Von dieser Zahl nehmen wir nun 16,81% für die Fluktuation weg:

4725 – 16,81% (794 Abgänge) = 3931 durschn. Mitgliederbestand

Der durchschnittliche Mitgliederbestand ändert sich also um (3931 – 3879 = 52) 52 Mitglieder.

Der Jahresmehrumsatz wird berechnet mit den 52 Mitgliedern mehr (im Durschnitt im Monat), mal genommen mit 12 Monaten im Jahr, mal genommen mit 50€ pro Mitglied:

52 x 12 x 50€ = 31.200€ Mehrumsatz im Jahr, durch Senkung der Fluktuationsquote um nur 5%!

5　Literaturverzeichnis

Göhner, W. & Fuchs, R. (2007). *Änderung des Gesundheitsverhaltens.* MoVo Gruppenprogramme für körperliche Aktivität und gesunde Ernährung. Göttingen: Hogrefe.

Sauter, J. (2009). *Führung macht den Unterschied.* Zugriff am: 03.03.2018. Verfügbar unter http://www.personalwirtschaft.de.

Tuckman, B. (1965). Developmental sequences in small groups. Psychological *Bulletin.* 63. 348-399.

6　Abbildungs- und Tabellenverzeichnis

6.1　Abbildungsverzeichnis

Abb. 1: Quoten im Mitarbeitervergleich 16

6.2　Tabellenverzeichnis

Tab. 1: Klassifizierung des Ausbildungsbetriebes 3

Tab. 2: Vergleich 13 Stufen u. Betrieb... 4

Tab. 3: Zusatzverkäufe 11